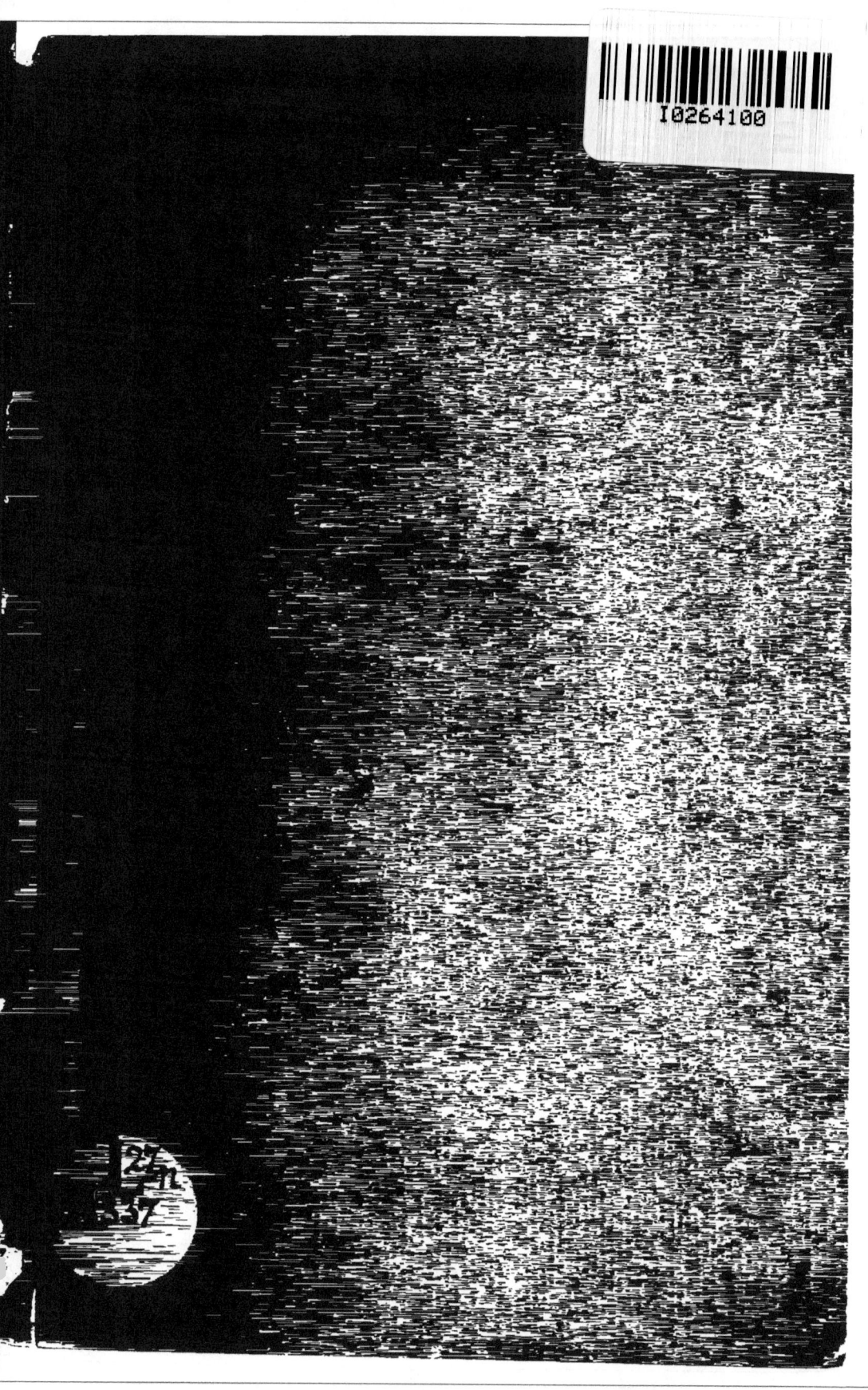

SOCIÉTÉ D'ARCHÉOLOGIE ET D'HISTOIRE

DES

COTES-DU-NORD

F. LE DOUAREN

JURISCONSULTE BRETON

PAR

PROSPER HUGUET

IMPRIMERIE DE L. PRUD'HOMME

1875

NOTE ADDITIONNELLE

aux biographies de François Le Doüaren

———•◆•———

> Si lors de l'apparition d'une biographie, un homme de bonne volonté s'occupait, dans chaque département, chaque ville, à la compléter ou à rectifier ses erreurs, ce genre de publications deviendrait bientôt un puissant auxiliaire pour la science de l'histoire.
>
> P. H. *Manuel du biographe breton.*

François Le Doüaren, Douarein ou Duaren (1), dont il peut exister encore quelques

---

(1) Tous les auteurs écrivent indifféremment ces trois noms, mais, se copiant les uns les autres, tous retranchent l'article *Le* qui doit les précéder, et le *tréma* sur l'*ü*. Habasque écrit même les deux premiers dans ses notions historiques sur les Côtes-du-Nord, mais supprime aussi l'article et le tréma, lui qui devait connaître quelques indivi-

parents dans les environs de Moncontour ou Lamballe, naquit à Saint-Brieuc (Fano Brioci), suivant un ou deux chroniqueurs, mais bien plus certainement, en 1509, à Moncontour-de-Bretagne (1), où l'on remarque beaucoup

dus porteurs de ce nom, dont l'orthographe véritable est assurément : Le Doüaren. De 1730 à 1746, un Le Doüaren, descendant collatéral du professeur, exerçait encore les fonctions de notaire-ducal à Moncontour, où l'on trouve souvent sa signature apposée près de celle d'un autre notaire ducal, du nom de Le Chapelier, de la famille du fameux Le Chapelier, avocat, constituant, premier mari de la comtesse de Corbière.

L'usage a supprimé l'article dans ces noms, comme devant la plupart des autres du même genre, nombreux en Bretagne; Le Calvez, Le Teurnier, Le Marc'hadour, Le Poitevin, Le Testu, Le Bihan, Le Petit, etc., et c'est à peine si on le retrouve encore dans ceux de Le Coq, Le Gros, Le Lart, Le Jan, Le Sueur, Le Conte, etc.

(1) Nos recherches aux archives départementales et ecclésiastiques des Côtes-du-Nord, n'ont pu nous procurer l'acte de naissance ou de baptême.

C'est aussi à Moncontour que naquit, en 1661, Poullain-de-Belair, savant jurisconsulte, père de notre célèbre Poullain-du-Parc; et, en 1703, Joachim Faignet, mort en 1780, l'un des premiers écrivains qui propagèrent en France la science de l'économie politique, en publiant : l'*Ami des*

de Le Doüaren, dans un volume latin, longtemps conservé à la mairie, et portant pour titre : « *Cestui est le libvre et déal baptisal ou sac de l'église parochiale de Notre-Dame de Moncontour, depuis 1581 jusqu'à 1610.* »

D'une famille de robe, Le Doüaren remplaça d'abord son père dans sa charge de magistrature, mais il devint bientôt le plus brillant élève de Guillaume Budé. En 1536, il professa les pandectes à Paris, et sa réputation l'en fit bientôt sortir pour prendre la chaire d'André Alciat, mort en 1550, dont quelques écrivains l'ont, à tort, supposé le disciple. C'était en 1538, et le berrichon Catherinot (1) déclare «qu'il a lu dans les regis-

---

pauvres, des *Mémoires sur les finances et la légitimité de l'usure, réduite à l'intérêt légal.*

(1) Nicolas Catherinot, jurisconsulte et philologue, né près de Bourges, en 1628, a recueilli un grand nombre de notes sur l'histoire et les antiquités du Berri, qu'il inséra dans une foule d'opuscules, publiés à ses frais, et dont le public ne s'occupait guère, quoique plusieurs fussent dignes d'intérêt. Les bibliophiles ou plutôt les bibliomanes, recherchent aujourd'hui ces opuscules dont la rareté fait le principal mérite.

(4)
tres de l'hôtel-de-ville de Bourges, l'inauguration du doctorat de François *Le Douarein* ou *Duaren*, faite cette année même aux frais de la ville. »

Suivant ce chroniqueur, « il n'existait pas alors dans l'université de jurisconsulte aussi célèbre (*toto orbe*), pas de professeur plus attrayant et plus sympathique ; aussi les étudiants roturiers, nobles et princes, accouraient-ils à ses leçons, de toute l'Europe, et tel était grand l'enthousiasme qu'il leur inspirait, que tous allaient le prendre jusqu'à sa demeure, quand il se rendait à l'école, et que tous se fesaient devoir et honneur de le reconduire à son retour. »

L'illustre de Thou le considérait aussi comme l'un des plus savants jurisconsultes de son temps, comme le plus versé dans la connaissance de l'antiquité (1). Ce fut Le

---

(1) Cependant, chose surprenante, l'érudit et consciencieux auteur des *Guides*, toujours si exact, si complet, qui indique au mot Bourges, Alciat, le milanais, Jean Calvin, né à Noyon, la même année que Le Doüaren et qui lui survécut cinq ans (1564) et le savant Cujas, comme professeurs à l'université de Bourges, *oublie* complètement leur collègue Le Doüaren, qui vécut, mourut et fut

Doüaren qui introduisit la pureté du langage dans la jurisprudence et la purgea de la barbarie des glossateurs. Son savoir était aussi profond dans les lettres que dans l'histoire et les lois, et sa facilité d'élocution des plus rares ; aussi, quelle animation, lorsqu'en 1547, il remettait en usâge les controverses publiques et se déclarait prêt à répondre à toute objection sérieuse ! On se coalisait et on joûtait par groupes, mais « Le Doüaren brisait les arguments adverses comme toile d'araignée. » Un professeur breton en pâtit, ce fut le savant Eginard ou Equinaire Baron (1) : à ses cours, l'anima-

---

enterré à Bourges. Si l'excellent Monsieur Ad. Joanne n'a pas le temps de lire ce petit écrit, dont il recevra l'un des cent exemplaires imprimés (suivant mon usage, de lui échanger un œuf contre un bœuf), je suis bien certain que son fils et intelligent collaborateur, M. Paul Joanne, ne négligera pas cette rectification complétive dans la prochaine édition du *Guide de Loire et Centre* ?

(1) Cet Equinaire Baron, jurisconsulte habile, naquit en 1495, à Saint-Pol-de-Léon, Finistère, et mourut en 1554, cinq avant Le Doüaren. Il professa le droit à Poitiers, à Angers et à Bourges ; Cujas l'avait surnommé le Varron de la France.

tion se changea en turbulence ; on y cria, on y frappa des pieds et le calme ne se rétablit enfin que grâce à la popularité de Le Doüaren, qui s'entremit chaudement en faveur de son compatriote. Il paraît toutefois que celui-ci n'en montra guère de reconnaissance, car il s'efforça, dit-on, et par divers moyens, à miner sourdement la réputation si bien méritée de F. Le Doüaren, et la guerre ne tarda pas à éclater à propos d'une thèse romaine « *De juridictione et imperio* ». Le portugais Gavea prit ardemment parti pour Le Doüaren, mais Baron était doyen, et, *d'ennui*, Le Doüaren descendit de sa chaire pour se rendre, en 1540, « à Paris, la capitale. » Il y séjourna pendant trois ans, avec l'intention, disait-il, d'étudier la pratique du droit romain aux audiences du parlement, « car il » avait horreur de tout ce qui n'était pas pra- » tique », et là, surtout, apparaît le trait saillant de son génie « le culte du bon sens et le mépris de tout ce qui n'était pas conforme à la raison. » Son criterium, en fait de droit, était celui qu'a proclamé Descartes : l'évidence ! Il répudiait tous les glossateurs et tous les commentaires antérieurs :

grand bien et mal dangereux à cette époque; car si Le Doüaren sçut borner cet esprit de libre examen aux points controversés de la jurisprudence, Calvin, son disciple préféré, et bien d'autres téméraires, l'introduisirent dans les discours religieux, dépassant à l'envi le maître qui se montrait d'une hardiesse inconnue dans son livre des Libertés de l'Eglise gallicane. L'audace et le scandale plaisent trop souvent à la jeunesse, Le Doüaren n'en fut donc que plus admiré; aussi, Baron étant mort (1550), tous les étudiants réclamèrent Le Doüaren pour son successeur; la municipalité d'abord, puis la princesse Marguerite de Berry, qui le fit son maître des requêtes; les deux Laubespine et jusqu'à l'illustre chancelier de L'hospital, tous demandèrent son retour à Bourges. Le Doüaren s'en montra d'autant plus exigeant : la ville de Bourges avait alloué 200 mille sesterces à Alciat, il en voulut autant, et obtint en plus son logement dans le palais du Roi. « Par malheur, suivant les chroniqueurs, Le Doüaren ne pouvait supporter d'égal (parem ferre) », et ses démêlés fréquents avec Cujas, dont il fut le contemporain et le rival, ne laissent aucun doute sur ce point; aussi, bientôt, nouvelle brouille avec son collègue Baudouin (1), et bientôt démission nouvelle. Cette fois, ce fut à Valence qu'il se réfugia, en rejetant bruyamment les torts sur son adversaire (v. Lettre à Calvin). Cette correspondance et ces liaisons avec le chef de la Réforme, jointes à la liberté d'appréciation qui perce souvent dans ses livres, firent suspecter, à tort, croyons-nous, son orthodoxie: Le Doüaren était porté, sans doute, à la tolérance, comme son ami Michel de L'hospital, mais rien de plus; et, en tous cas, il aurait

---

(1) François Baudouin, théologien et jurisconsulte, était né à Arras, en 1520, et, comme son rival mourut, à peine âgé de cinquante ans, en 1573. A la suite de voyages en Allemagne, il devint le secrétaire de Calvin, puis enseigna le droit à Bourges, âgé de moins de trente ans (1548), puis à Strasbourg, et dix ans après à Heidelberg, où il habita cinq ans. Sa science était profonde et son éloquence entrainante. Il écrivit, à la prière du chancelier de L'hospital, un ouvrage *sur les devoirs des vrais amis de la religion et de la patrie dans les troubles religieux*, qui n'eut d'autre résultat que d'irriter les deux partis. Baudouin s'honora en refusant noblement une somme considérable que lui offrait le duc d'Anjou, depuis Henri III, pour écrire en faveur de la St-Barthélemy.

dû se dégoûter bien vite de tous penchants secrets vers la nouvelle réforme, par le facile accès que les calomnies de Baudouin contre lui, trouvèrent auprès de ceux de Genève. — Revenu de Valence, Le Doüaren mourut à Bourges, dans sa foi bretonne, âgé de 50 ans à peine, et sans avoir contracté mariage. Ce fut le coup de mort de l'Université de Bourges, dont Le Doüaren avait été la plus brillante personnalité. On l'enterra dans l'église de l'oratoire Saint-Hipolythe, auprès d'Eginard ou Eginaire Baron, de Mercier (1), et de Le Conte (2), ses collègues. De cet oratoire il

---

(1) Jean Mercier, jurisconsulte, né à Bourges en 1545, mort dans la même ville en 1600. Il devint régent en 1573, puis doyen de la Faculté de droit de Bourges, après la mort de Cujas, dont il avait été l'élève, et fut maire de cette ville en 1589 et 1590. Ses principaux ouvrages ont été imprimés in-8º et in-4º à Bourges, en 1587 et 1592, et à Hanovre en 1598.

(2) Antoine Le Conte, en latin *Contius*, jurisconsule, né à Noyon vers 1526, mort à Bourges en 1586. Il professa le droit à Bourges et à Orléans, où il eût parmi ses élèves l'historien de Thou. Cousin de Calvin, il se montra constamment hostile à ce réformateur religieux. Le Conte a donné une édition annotée du *Corpus juris civi-*

ne reste plus que le nom; l'emplacement est occupé par l'imprimerie du journal *le Cher*, rue des Armuriers, et la pierre tombale du grand jurisconsulte a disparu avec l'église. En revanche, le musée de Bourges possède un beau portrait de l'illustre professeur : tête pensive pleine d'assurance, cheveux ardents, sortant d'une toque noire à cornes, grande barbe blonde, teint mat, bouche colorée, yeux éteints. Le Doüaren est vêtu d'une robe rouge, non boutonnée, tout-à-fait de forme moderne. La ville de Saint-Brieuc trouverait aisément à Bourges un artiste habile empressé de copier l'original.

En mourant, Le Doüaren laissait un assez grand nombre d'ouvrages, auxquels il arriva, suivant de Thou, ce que Cujas craignait pour les siens : « ses élèves ajoutèrent aux livres qu'il avait composés, ce qu'ils pouvaient avoir retenu de ses explications, et sa gloire souffrit de ce mélange. » Les livres de Le Doüaren consistent, pour la plu-

---

lis (Paris, 1562, 9 v. in-8º), et composé divers écrits qui ont été réunis et publiés en 1616, in-4º à Paris, et in-fº à Naples, en 1725.

part, en commentaires sur le digeste, et le Code, et en divers traités, parmi lesquels nous citerons celui qui a pour titre : *De sacris Ecclesiæ ministeriis ac beneficiis lib.* VIII, *pro libert. Eccles. gall.*, in-4º de 1551, et le *Traité des plagiaires*, petit volume court et curieux. L'année précédente, on avait publié à Paris, ses œuvres complètes, in-4º, et on en a de nombreuses éditions, dont la plus estimée est celle de Lyon, deux volumes in-folio de 1578 à 1584. C'est dans cette édition qu'on trouve intercalé le meilleur portrait original de F. Le Doüaren. Elle fut éditée par Nicolas Cisner, qui y a joint une lettre *De jurisprudentia dignitate et Fr. Duareni operibus*, avec un traité *de jurisconsultis præstantibus et interpretibus juris ejus quæ rectâ interpretandi ratione, etc.*

A l'appui de la note qui précède, nous croyons utile de donner deux textes de documents latins relatifs à Le Doüaren :

1º Summus at inter eos Duarenus in ordine princeps
   Emicat ante alios, vir non acquabilis ulli,
   Et qui laude queat verborum crescere nullâ,
   Cuncta supergressus quæ dici encomiæ possent....

Ergo volaturas quum jam que assumeret alas
Germanos versùm jurisprudentia spectans,
Sixtere nixi sunt (Douaren et, Baron) et destinuêre vo-
[lentem.
(Ex poëmatæ Bartholomei Biturigis).

DUARÉNI ELOGIUM.

2o Post Alciatum Bituricensem Academiam ad summum gloriæ fastigium evexit Franciscus Duarenus, Brioci fano in Armoricâ, nobili genere ortus. Vir enim toto orbe clarissimus, magnam ex universâ Europâ auditorum frequentiam in hanc urbem accivit, qui cum quotidiè ex palatio Regis, in quo habitabat, in scholam adducebant, et domum deducebant. Tantam autem, tum recitationibus, tum edilis operibus claritatem sibi peperit, ut videratur omnibus jurisconsultis exuturus caliginem (Doüaren s'exila à Valence, offusqué surtout par la gloire naissante de Cujas, selon le panégyriste).... Nec tamen minus ipse laudandus Duarenus, *continue-t-il*, qui inter primos Cujacis viam ad majora fecit et post Alciatum explosis veterum interpretum glossematis, priores juris antiqui fontes aperuit, et ipsos auctores imitatus purè et sine fuco, et jus romanum interpretatus......... Vix 50 annos natus, quos sive impedimento transegit, extremam vitæ diem exegit anno 1559. Jacet in æde divo Hippolite juxta Eguinarii Baronis popularis sui cineres.